LE CHEVAL, C'EST L'AVENIR

ISBN 978-2-330-14728-0

JEAN-LOUIS GOURAUD

Le cheval, c'est l'avenir

Qui peut encore faire le lien entre l'homme et la nature ?

ACTES SUD

SOMMAIRE

En préambule

RAPPEL À L'ORDRE

L'interminable épidémie du coronavirus devenu mondialement célèbre sous le nom de Covid-19 n'est toujours pas maîtrisée à l'heure où j'écris ces lignes. Est-il, dans ces conditions, bien raisonnable de se préoccuper de ce que sont et de ce que vont devenir les relations de l'homme et du cheval ? Ce genre de question ne fait-il pas partie des mille sujets qui auraient pu paraître, sinon essentiels, du moins intéressants avant la pandémie mais sont devenus soudain futiles, secondaires, dérisoires ?

Je crois le contraire. Car si l'apparition brutale d'un virus incontrôlable nous a appris quelque chose, c'est bien notre entière dépendance du monde infiniment petit et infiniment grand qui nous entoure. C'est bien notre fragilité dans un univers sur lequel nous avons, malgré nos prétentions, si peu de prise, si peu d'influence, si peu de moyens de pression.

L'agression soudaine et brutale d'un ennemi microscopique aura eu au moins l'avantage de ce rappel à l'ordre naturel.

C'est ce même rappel à l'ordre que je m'efforce de lancer depuis dix ans, avec les petits moyens dont je dispose : des articles, des préfaces, des chroniques semés ici ou là dans lesquels je ressasse indéfiniment le sujet, auquel j'ai essayé de donner ici une forme plus homogène, plus cohérente et donc, j'espère, plus convaincante. Pour dire et redire que l'homme ne peut pas continuer à se couper ainsi des réalités de la vie (et de la mort) en s'isolant dans le "progrès", l'informatique, la robotique. Dire et redire que, loin d'avoir été rendu obsolète par les formidables avancées des sciences, le cheval offre au contraire un espoir pour l'avenir de l'humanité.

Dans une interview recueillie par Antoinette Delylle pour *Cheval pratique* en avril-mai 2020, c'est-à-dire au pic de la première vague de l'épidémie, je proférais encore et encore ce qui était alors et reste aujourd'hui mon intime conviction : "Si les chevaux ne peuvent pas vivre ou survivre sans les hommes, à l'inverse les hommes auront du mal à vivre sans les chevaux. Avec les progrès techniques, ils ont cru pouvoir s'en passer. Mais qui peut encore faire le lien entre l'homme et la nature, entre l'homme et le cosmos ? Sûrement pas les robots !"

LE CHEVAL, C'EST L'AVENIR

Voilà plus d'un siècle qu'on s'acharne à vouloir démontrer à tout prix que le cheval, c'est le passé – et voilà bien dix ans que je m'acharne à proclamer le contraire : le cheval, c'est l'avenir !

L'acharnement auquel je fais allusion a réellement commencé dans les toutes dernières années du XIXe siècle, avec la publication, en 1899, du livre d'un certain Pierre Giffard, dans lequel ce journaliste passionné de bicyclette prend une espèce de malin plaisir à annoncer "la fin du cheval", cet animal démodé, obsolète, périmé. Pensez : à quoi pourrait bien servir désormais cette grosse bête encombrante alors que des engins mécaniques peuvent le remplacer avantageusement ?

Pour ceux qui n'auraient pas bien compris, la société Michelin conçut à peu près au même moment une brochure, destinée principalement aux agriculteurs, comparant les inconvénients du cheval aux avantages de l'automobile. Distribuée à des milliers d'exemplaires dans les campagnes de France et de Navarre, cette brochure compile les témoignages – authentiques, on n'en doute pas – de viticulteurs, maraîchers, céréaliers ou même éleveurs de bétail, heureux et fiers d'avoir remplacé leur canasson par une automobile.

En farfouillant chez un marchand de vieux papiers, j'ai eu la chance de tomber un jour sur un exemplaire – devenu rarissime ! – de cet opuscule. Je ne résiste pas au plaisir de reproduire quelques-unes de la trentaine de planches de ce prospectus, fort bien dessinées, par un illustrateur hélas anonyme.

Ma bru avait peur du cheval, elle conduit toute seule l'auto et n'a jamais d'ennuis,

nous dit M. HUET,

aux Grands Bois par Autry (Loiret).

Ferme d'élevage et de culture (70 hectares).

Cocotte parfois a ses nerfs...

... L'auto n'en a jamais.

Au bout de 7 ans, un cheval qui fait de la route ne vaut plus que 300 francs pour la boucherie,

nous dit M. LIOTHIN,

Ferme de Monteux, à Saint-Romans (Isère).

Ferme de culture et d'élevage (26 hectares).

Après 40.000 km. le cheval est bon pour la boucherie...

... Après 40.000 km., une auto est très facilement remise à neuf.

Depuis que j'ai une auto, à la place du cheval je nourris deux petites vaches qui me rapportent 2.000 frs par an,

nous dit M. VIDAL,

à Ussel (Cantal).

Ferme de culture et d'élevage (27 hectares).

Quand on a une auto,

on peut remplacer le cheval d'attelle... ... par des bêtes qui rapportent.

Certains arguments utilisés font froid dans le dos, et ruinent d'avance la cause qu'ils sont censés défendre : "Depuis que j'ai une auto, dit un agriculteur de l'Allier, j'ai le temps de travailler aux champs, j'ai supprimé mon ouvrier." (!) Un autre, originaire de la Somme : "Avec l'auto, je passe à l'improviste voir si mes ouvriers travaillent." (!!) On entrevoit déjà ce que la mécanisation généralisée aura pour conséquence un siècle plus tard : un désastre social. J'y reviendrai.

Les deux conflits mondiaux qui ont suivi ont confirmé le diagnostic : incapable de rivaliser avec des forces mécanisées, le cheval fut définitivement ringardisé. En Union soviétique, où pourtant Staline avait autorisé, après la révolution, la reconstitution de régiments montés (la fameuse Cavalerie rouge du maréchal Boudionny), son successeur, le truculent Nikita Khrouchtchev, s'empressa d'expliquer que la seule utilité qu'on pourrait désormais trouver au cheval serait d'approvisionner les boucheries.

Propos barbares ? On ne fit guère mieux en France, où l'on ne trouva pas de meilleure idée : nos chevaux de trait, dont la diversité faisait la gloire de notre patrimoine, furent reconvertis, faute de mieux, en chevaux appelés lourds – non pas parce qu'ils étaient destinés à tirer de lourdes charges, mais simplement parce qu'on leur demandait de faire… beaucoup de kilos de barbaque !

Face à ces nombreuses attaques en règle, le cheval a fait preuve d'une extraordinaire résilience et d'une exceptionnelle capacité à se métamorphoser, comme l'a très bien montré Claire Veillères dans un ouvrage que je recommande vivement (*La Fin du cheval ?*, Favre, Lausanne, 2018). On y voit comment le cheval est passé "du travail aux loisirs et de la guerre à la paix", ayant cessé d'être utilitaire, mais sachant se rendre (encore) utile dans d'autres activités comme les sports, les courses, les balades – et bientôt d'autres usages aux noms étranges : l'équithérapie, l'équicoaching, la médiation équine, etc.

Le principal tournant se situe aux alentours de la Seconde Guerre mondiale. Ayant trouvé dans les chars, les tracteurs et les camions des outils plus performants que le cheval, on a essayé d'en faire une sorte de camarade de jeu. Gros succès. Alors que venait de naître ce qu'on a appelé "la civilisation des loisirs", les activités équestres, sportives ou ludiques connurent un développement foudroyant, en même temps (et ceci explique en partie cela) que se féminisait – et, avec les poney-clubs, se puérilisait – l'emploi du cheval.

Tout cela a gentiment prospéré (au point que la Fédération française d'équitation devienne, avec 650 000 licenciés, la troisième fédération sportive de France, après le foot et le tennis) jusqu'à ce que surgisse soudain, dans les années 2010, une nouvelle menace.

De la même façon que le cheval a dû subir, voici un siècle, les assauts des modernistes appuyés par les coups de boutoir des lobbys de l'automobile et des pneumatiques, il lui faut faire face aujourd'hui aux assauts d'idéologues, malheureusement soutenus par des politiciens – et certains affairistes – cherchant à surfer sur la vague (dans les deux sens du terme) écologiste.

Des propositions de loi "visant à améliorer le bien-être des animaux de compagnie" ont été déposées à la présidence de l'Assemblée nationale le 28 juillet 2020, peu de temps après qu'a été lancée par des entrepreneurs ayant le sens des affaires et de la publicité une campagne en vue de l'organisation d'un RIP (référendum d'initiative partagée) relatif au traitement des animaux.

Avec une habileté qui frise la malhonnêteté, les auteurs de cette initiative l'ont intitulé "Référendum pour les animaux". Qui pourrait être contre les animaux ? En posant des questions auxquelles on ne peut répondre que par oui, on est sûr de remporter la victoire. Mais si la réponse est connue d'avance, pourquoi poser la question ? Qu'est-ce que cela cache ? Dans ce cas précis, une véritable menace sur l'élevage et l'emploi des chevaux. En y regardant de plus près, en effet, on s'aperçoit que, s'il est adopté, le référendum entraînera "l'interdiction de l'élevage en cages, cases, stalles ou box à partir du 1er janvier 2025". Comment s'y prendra-t-on alors pour faire naître et élever des chevaux s'il n'est plus possible de protéger les poulinières parturientes en les installant dans des box, fussent-ils spacieux, confortables et sécurisés ?

Une autre mesure de ce curieux référendum prévoit "l'interdiction des spectacles d'animaux vivants d'espèces non domestiques". On peut voir dans cette mesure le désir de mettre fin aux abus constatés dans certains cirques dans la façon dont y sont traités des lions, des otaries ou des éléphants. Très bien. Mais si l'on interdit les éléphants, pourquoi n'interdirait-on pas aussi les chevaux ?

Entre un animal "sauvage" et un animal "domestique", la frontière, en effet, est souvent fragile. Considéré comme sauvage, l'éléphant peut être domestiqué, comme le savent tous ceux qui sont allés un jour en Inde ou en Thaïlande. À l'inverse, le cheval est-il vraiment un animal domestique ? Tristan Bernard semblait en douter lorsqu'il racontait avec humour ses démêlés avec le "noble solipède, dont Buffon a eu le tort de considérer la conquête comme définitive" (*Souvenirs épars d'un ancien cavalier*, 1917).

Au-delà des plaisanteries, cette difficulté à définir clairement ce qui est sauvage et ce qui ne l'est pas présente un danger : après avoir interdit l'emploi des éléphants dans les cirques, pourquoi autoriserait-on celui des chevaux ? Et si l'on interdit un jour l'emploi des chevaux dans les cirques, pourquoi l'autoriserait-on sur les hippodromes ? Ainsi que, de proche en proche, dans les centres équestres ou les poney-clubs ? Faudra-t-il alors, tout bonnement, interdire l'équitation ? Adopter, comme l'a dit un humoriste, un régime sans selle ?

Il n'y a pas moins d'ambiguïté dans le projet de loi soumis à l'Assemblée nationale, qui vise insidieusement à faire du cheval un animal de compagnie, ce qu'il n'a jamais été et ne pourra jamais être, quelle que soit l'affection qu'on lui porte.

Certes, le cheval n'est pas un animal de rapport, ni un animal de ferme, ni tout à fait un bestiau, mais il ne peut relever pour autant du même statut que le chien, le chat, le canari ou le poisson rouge. On ne peut le comparer non plus aux animaux destinés à la consommation humaine : veaux, vaches, cochons. L'hippophagie est en chute libre : on consommait en France 90 000 tonnes de viande chevaline en 1970 ; on en consomme encore 5 000 aujourd'hui – mais bientôt, sans doute, plus du tout.

Il serait donc temps d'en convenir enfin : le cheval occupe une place à part, qui n'est ni celle d'un animal de compagnie ni celle d'un animal de rapport. La seule façon convenable de le relier à d'autres espèces consisterait à utiliser une expression hélas un peu démodée : ce qu'on appelait dans mon enfance les animaux familiers.

Aussi me suis-je réjoui du contenu d'une circulaire du ministère de l'Agriculture et de l'Alimentation diffusée en avril 2020. Souvenez-vous du contexte : confinement général pour cause d'épidémie de coronavirus, interdiction de sortir de chez soi, et donc impossibilité pour les propriétaires de chevaux d'aller voir leur animal. Pour résoudre cette situation absurde et catastrophique, le ministère a décidé, bien qu'on fût alors au pic de la contagion, de faire une exception : les propriétaires de chevaux pourraient se rendre au pré ou à l'écurie "pour aller nourrir, soigner ou assurer l'activité physique indispensable à leurs animaux", à condition de se munir d'une attestation de déplacement évoquant "un motif familial impérieux". Du coup, le statut familial – mieux que familier ! – du cheval était officiellement (mais involontairement) reconnu.

Il était temps qu'un signe d'affection soit ainsi adressé à cet animal, qui était plutôt l'objet, depuis une dizaine d'années, d'une sorte de désamour.

Alors qu'une enquête d'opinion, réalisée voici une douzaine d'années à la demande des Haras nationaux (qui n'avaient pas encore été liquidés) indiquait qu'un tiers – oui, un tiers ! – des Français rêvaient de posséder un cheval, de pratiquer l'équitation, de fréquenter, d'une façon ou d'une autre, les chevaux, il est clair qu'aujourd'hui non seulement l'engouement est retombé, mais qu'il fait place à un phénomène inverse : ce que l'historien allemand Ulrich Raulff a appelé, dans un ouvrage récent (best-seller en Allemagne et en Angleterre, mais toujours pas traduit en français !), "la rupture du pacte séculaire qui lie l'homme au cheval, et le cheval à l'homme" (*Das letzte Jahrhundert der Pferde*, C. H. Beck, Munich, 2015).

Un autre sondage, commandé celui-là par la Fédération française d'équitation, réalisé plus récemment (mai 2011), par un célèbre institut (BVA), donnait encore des résultats encourageants : plus de la moitié des personnes sondées déclaraient rêver de monter à cheval. Pour elles, la pratique de l'équitation dégageait "une image positive, surtout en termes de proximité avec la nature (94 %) et d'efficacité dans l'apprentissage des responsabilités (90 %)".

Dix ans plus tard, l'emploi du cheval est considéré par certains comme une maltraitance, et son usage est sinon menacé, du moins critiqué.

Comment en est-on arrivé là ?

J'ai tenté de répondre à cette question, que me posait une jeune chercheuse, Vanina Deneux, qui préparait alors un mastère spécialisé "science et management de la filière équine" et avait souhaité m'entendre sur l'évolution, voire la transformation, du statut du cheval.

La réponse que je lui adressai en retour tient en quelques phrases : cette lente mais inexorable transformation est d'ores et déjà visible dans la vie quotidienne.

Le cheval n'est plus utilisé dans les armées (sauf pour quelques parades), très peu dans la police (jamais pour le maintien de l'ordre : juste pour sa présence rassurante), plus du tout dans l'agriculture ou les transports, sauf rares exceptions marginales. Le cheval n'est plus aujourd'hui utilisé qu'à des fins de loisirs : courses sur hippodrome, sports équestres, spectacles, tourisme. Ce changement de fonction s'est accompagné – j'y ai déjà fait allusion – d'un autre phénomène : la féminisation du monde équestre. Équitation (80 % des licenciés de la Fédération française d'équitation sont de sexe féminin), soins aux chevaux, spectacles équestres : les femmes y sont devenues, ou en passe d'y devenir, majoritaires.

À mentionner aussi, l'émergence d'un phénomène : l'utilisation thérapeutique du cheval. L'équi- ou hippo-thérapie opère des bienfaits psychologiques et mécaniques à ceux qui souffrent de handicaps mentaux et/ou moteurs... De même, la relation aux chevaux est utilisée par des animateurs de "coaching" pour cadres ou chefs d'entreprise afin d'améliorer les relations interhumaines. Même les plus sceptiques à l'égard de ces nouvelles techniques ont fini par en reconnaître les vertus.

Le paradoxe est que si l'équitation est devenue une activité sinon sportive, du moins distractive (spécialement chez les très jeunes, qui constituent l'énorme clientèle des poney-clubs) très répandue, très "populaire" (on parle de plus d'un million de pratiquants), le cheval conserve pourtant une connotation élitaire, voire aristocratique. D'une part, le gros cheval de labour, le percheron, le comtois, le breton conservent un énorme capital sympathie, évoquant le bon vieux temps, la campagne et l'air pur ; d'autre part, on ressent toujours la même hostilité au monde des courses, réservé aux princes et aux émirs, ou aux sports équestres (CSO, attelage, polo, etc.) considérés comme appartenant à l'univers du luxe (Hermès, Ralph Lauren, Gucci, Rolex, etc.). D'une part, un gaillard comme Bartabas enchaîne depuis vingt-cinq ans des triomphes partout où il se produit et remplit les pages des magazines, alors que ses principaux "comédiens" sont des chevaux ; d'autre part, un événement sportif aussi considérable que les Jeux équestres mondiaux, qui réunissent les meilleurs chevaux et les meilleurs cavaliers du monde, est boudé par la "grande" presse. Comment l'expliquer ?

L'image du cheval est double. Il est une allégorie tantôt de la virilité, par sa fougue, sa puissance ; tantôt de la féminité, à cause de son émotivité (et de ses formes : crinière, croupe, etc.). Tantôt de la vie, tantôt de la mort. Animal "de droite" ou animal "de gauche". Il est "de gauche" lorsqu'il est utilisé par des enfants, des thérapeutes ou des artistes. Il est "de droite" lorsqu'il est utilisé à des fins sportives de haut niveau (dressage, saut d'obstacles, etc.) ou, pire encore, dans des activités réservées telles que la chasse à courre.

Il faut naturellement nuancer : les tribunes des hippodromes accueillent encore un public populaire (les parieurs) ; et une discipline sportive comme la voltige bénéficie d'une cote d'amour comparable à celle dont bénéficie, par exemple, le patinage artistique (sans doute, justement, parce qu'on est plus ici dans l'artistique que dans le sportif ?)...

Je ne puis que constater (et déplorer) une réalité, qui confine tout ce qui touche au cheval aux seuls médias spécialisés : *Paris turf* ou Équidia pour les courses, *Cheval Magazine* ou *L'Éperon* pour les sports et loisirs équestres. Alors que la moindre réunion d'athlétisme, par exemple, est couverte par TF1, France 2 ou Canal +, cette "grande presse" généraliste boude les événements équestres même lorsqu'ils sont de toute première importance. Du coup, les disciplines équestres sont menacées d'être exclues des Jeux olympiques, le financement de ces derniers provenant, on le sait, des droits de retransmission télé. Si l'équitation ne fait pas d'audience, elle sera – pour utiliser un terme sportif – éliminée.

Dans cette réponse faite en 2014 à la chercheuse, je n'évoque pas encore, on le voit, l'apparition d'un phénomène qui va prendre rapidement beaucoup d'ampleur : l'animalisme, dont la forme la plus radicale a pour nom l'antispécisme.

De quoi s'agit-il exactement ? Pour répondre à ce genre d'interrogation, Wikipédia peut se révéler très utile : on y apprend que l'antispécisme est "un courant de pensée philosophique et moral" qui s'oppose à ceux qui, en plaçant l'espèce humaine au-dessus de toutes les autres, établissent "une forme de discrimination que l'on peut mettre en parallèle avec toutes les formes de domination d'un groupe sur un autre". Allant jusqu'au bout de sa pensée, l'inventeur du concept, le Britannique Richard D. Ryder, n'hésite pas à comparer le spécisme au racisme. Ses disciples vont plus loin encore, élargissant la comparaison au sexisme.

Ce mouvement de pensée a acquis une influence si considérable qu'il a amené des organisations internationales, telles que l'Unesco, à réviser leur doctrine. Il arrivait à cette dernière d'accorder son label, au titre de la protection du patrimoine immatériel de l'humanité, à des fêtes, des rituels, des cérémonies auxquels participaient parfois des animaux. Il n'en est plus question aujourd'hui. Non seulement ceux qui considèrent la corrida comme la manifestation d'une culture, d'une tradition qu'il faut préserver n'ont désormais aucune chance d'obtenir l'inscription sur les listes de l'Unesco, mais on peut craindre que les labels accordés dans le passé ne soient retirés dès que l'occasion s'en présentera. Espérons que ce ne sera pas le cas lorsque la France devra obtenir la prolongation de la reconnaissance de l'Équitation de tradition française comme élément du patrimoine mondial. L'équitation, française ou pas, impliquant, du moins jusqu'à maintenant, l'emploi d'animaux (!), elle sera sans doute bientôt déclarée aussi peu recommandable que la corrida, la chasse à courre ou les combats de coqs. La boxe, elle, est toujours considérée comme un sport olympique, mais verra-t-on prochainement l'équitation exclue des Jeux olympiques ?

Quelques grandes voix se sont élevées pour mettre en garde contre la dangerosité d'une telle idéologie, d'autant plus redoutable que, relayée par une presse complaisante, elle remporte un succès croissant dans l'opinion où, d'amalgame en amalgame, elle finit par faire bon ménage avec d'autres, telles que, paradoxalement, l'écologie qui prône la préservation des espèces alors que l'antispécisme ne redoute pas la disparition de certaines d'entre elles.

Pour tenter de mettre un peu de raison dans tant de confusion, l'anthropologue Jean-Pierre Digard a usé de son autorité en expliquant – et démontrant – que "l'animalisme est un antihumanisme" (CNRS éditions, 2018).

D'autres éminents intellectuels ont participé au débat, chacun selon sa spécialité. J'en citerai deux. Deux femmes : la sociologue Jocelyne Porcher et la géographe Sylvie Brunel. Professeur de géographie à la Sorbonne, spécialiste reconnue du développement durable (et, ce qui ne gâche rien, cavalière passionnée), cette dernière est l'autrice d'un ouvrage dans lequel elle ramène le débat antispéciste à sa juste dimension : il n'est qu'un des aspects d'un problème beaucoup plus général, qui concerne la nature des relations que les hommes doivent entretenir avec non seulement les animaux, mais l'ensemble du monde vivant. Et donc non seulement l'élevage ou l'utilisation des animaux (consommation, travail, loisirs), mais l'ensemble des activités agricoles.

N'hésitant pas à aller à contre-courant des idées à la mode, qu'elle a toutefois l'honnêteté d'exposer clairement avant d'en démontrer l'inanité, Sylvie Brunel pourfend avec vigueur contrevérités et *fake news* qui prolifèrent aujourd'hui sur la nécessité, par exemple, de produire moins, alors que la malnutrition touche encore un milliard d'hommes. Le problème, explique-t-elle, n'est pas de produire moins, mais de produire mieux, ce que les progrès des sciences agronomiques permettent de réaliser.

"N'idéalisons pas le passé, ne refusons pas la modernité, proclame Sylvie Brunel. Le temps de la chasse et de la cueillette est terminé. La nature n'est jamais plus belle que lorsqu'elle est soignée et entretenue par l'homme : les plus belles fleurs, les plus beaux fruits, les animaux en meilleure santé sont ceux qui bénéficient de soins attentifs et respectueux." Ainsi, au cours de quelque 250 pages de son essai, judicieusement intitulé *Pourquoi les paysans vont sauver le monde* (Buchet Chastel, 2020), Sylvie Brunel démontre-t-elle que l'homme n'est pas l'ennemi de la nature. Il la met au contraire en valeur, il l'entretient, il la soigne, parfois même il la sauve.

Après avoir trop longtemps ignoré (ou méprisé ?) le problème, il semble que les principaux acteurs du monde du cheval en aient enfin pris conscience. C'est du moins l'impression que j'ai retirée de ma participation aux cinquièmes Assises de la filière équine, qui se sont tenues le 7 novembre 2019 au Centre des congrès d'Angers.

Cela faisait vraiment plaisir à voir : tous les membres de la famille enfin réunis. Réconciliés ? Peut-être pas tout à fait, mais acceptant, c'était déjà beaucoup, de se retrouver le même jour au même endroit. La trentaine d'intervenants invités à s'exprimer représentait assez bien les diverses composantes du petit monde du cheval : trot et galop, sports et loisirs, élevage et enseignement.

Il y avait là des entraîneurs célèbres, des cavaliers de haut niveau, des vétérinaires expérimentés, des moniteurs, des éthologues, des avocats – tous praticiens de terrain, ce qui nous changeait bien de certains colloques où de brillants intellectuels dissertent sur la condition animale et en particulier chevaline, sans avoir jamais fréquenté les chevaux de près.

De brillants intellectuels, il y en avait aussi à Angers, à commencer par Jocelyne Porcher, directrice de recherche à l'Institut national de la recherche agronomique (Inra), qui avait accepté la confrontation avec un jeune représentant d'une de ces associations antispécistes, qui font tant parler d'elles (Agir contre la torture des animaux, Acta).

Il faut d'ailleurs rendre hommage à ce dernier d'avoir eu le courage de se jeter ainsi dans la fosse aux lions, devant un public forcément peu favorable à ses thèses.

Leur débat fut un peu le "clou" de ces Assises, dans la mesure où le thème lancinant de la journée était la question du bien-être animal dans toutes ses variantes, scientifiques ou sentimentales, de la simple satisfaction des besoins à la notion d'un supposé "bonheur", en passant par l'évidente obligation de bientraitance.

Les interventions de Jocelyne Porcher, mais aussi celles de Nicolas Blondeau, de Vanina Deneux et quelques autres ont permis d'entrevoir ce que pourraient être les grandes lignes d'un discours alternatif aux propos de plus en plus agressifs et, il faut bien le dire, de plus en plus efficaces des mouvements animalitaires.

Cette tardive mobilisation des professionnels du cheval, bien que restée à ce jour sans conséquences pratiques, constitue un progrès. Invité à me rendre, deux ans plus tôt, à Bruxelles, pour une réunion des représentants du secteur, non plus seulement de France mais de l'ensemble des pays membres de l'Union européenne (y compris la Grande-Bretagne, qui n'en était pas encore sortie), j'avais été sidéré par l'incroyable insouciance, pour ne pas dire la frivolité, dont ils paraissaient faire preuve à l'égard du risque animalitaire. Je m'en étais ouvert dans une tribune publiée dans le magazine *L'Éperon* (n° 374, septembre-octobre-novembre 2017), dont on retrouvera le texte ci-dessous et ci-contre.

LE CHEVAL MENACÉ

Il y a, c'est vrai, de quoi s'inquiéter. Le nombre de cavaliers en France a soudain cessé de croître. Quantité de centres hippiques et de poney-clubs sont en difficulté. La chaîne de télévision Équidia va réduire ses émissions de moitié et certains magazines spécialisés ont cessé de paraître. Le monde des courses aussi est en crise. Ce n'est pas mieux chez nos voisins et il s'en est fallu de peu que les épreuves d'équitation ne figurent pas aux programmes des prochains Jeux olympiques !

Devant tant de signes inquiétants, une institution bruxelloise, l'EHN (European Horse Network) a réagi en réunissant pour une journée de réflexion au Parlement européen les représentants de ce qu'on appelle "la filière équine" de la plupart des 28 (bientôt 27 lorsque le Royaume-Uni aura achevé son Brexit) pays membres de l'Union européenne.

Présidé par un personnage énergique, Mark Wentein, à la fois éditeur d'un magazine en flamand consacré au monde du cheval, meneur passionné et gestionnaire efficace d'une écurie de chevaux assurant un impeccable service de calèches au cœur de la très belle ville des Flandres belges, Bruges, cet organisme regroupe tous les grands acteurs du secteur, et leur sert de porte-parole auprès des instances communautaires. Dynamique coordinatrice de ce forum, Florence Gras m'a invité à m'exprimer, le 13 juillet 2017, devant l'auguste assemblée qu'elle avait réussi à réunir pour répondre à la question : comment réagir à cette crise avant qu'elle se transforme en véritable catastrophe ?

Certainement pas en se contentant d'harmoniser les taux de TVA et les réglementations concernant le transport des chevaux, en effet fort disparates d'un pays à l'autre. Le mal est plus profond. Il s'agit d'une véritable défection à l'égard non pas du cheval, mais de son utilisation.

À quoi cela est-il dû ?

Je le dis tout net : à ces campagnes, de plus en plus virulentes, qui – sous couvert de vouloir assurer le bien-être animal, voire même garantir le bonheur des chevaux (!) – proposent en réalité qu'on cesse de les utiliser, sous quelque forme que ce soit.

Qu'on cesse de manger du cheval, cela peut se discuter ; mais qu'on cesse de l'atteler, de le monter, de le faire courir sur les hippodromes ou en rond dans les cirques, cela est en revanche extrêmement périlleux. Car, à force de n'être plus utilisé, et donc de ne plus servir à rien, le cheval ne sera plus élevé. Et alors, c'est tout simple, le cheval disparaîtra !

On en a déjà l'expérience avec les chevaux de trait qui, faute d'emploi, ont quasiment disparu. On en a la confirmation chaque année, avec l'extinction de races entières qui, là encore, faute de trouver un débouché, sont en déclin : le dontchak dans le Sud de la Russie, le kabardin au Caucase, les sahéliens en Afrique, etc.

J'entends parfois dire que les chevaux, il faut les "libérer", cesser de les enfermer dans des écuries ou des manèges et les remettre là où le Bon Dieu les a créés : dans la nature. Grave erreur ! Illusion néfaste ! Dangereuse naïveté !

Car cette fameuse nature n'est pas aussi gentille, généreuse et bienveillante qu'on pourrait le croire. Si les derniers chevaux sauvages ont disparu (au début du XXe siècle), ce n'est pas parce que l'homme en était le prédateur – au contraire : c'est parce qu'ils n'étaient pas sous sa protection. Sait-on que l'espérance de vie d'un cheval laissé à l'état sauvage est de 7 à 10 ans – alors que celle d'un cheval dorloté dans son box, suivi par un vétérinaire, un maréchal et un groom attentif dépasse 25 ans !

Il faut le dire, et le redire : non, l'homme n'est pas l'ennemi du cheval ! Et si le cheval n'avait pas été domestiqué (voici cinq à six mille ans), l'espèce tout entière, devenue incapable, justement, de survivre dans une nature hostile, aurait disparu !

Le cheval n'a, pour son bien-être, nul besoin d'être abandonné à lui-même, mais au contraire d'être élevé, entretenu, soigné, protégé par les hommes. À titre de réciprocité, les hommes d'aujourd'hui ont plus que jamais besoin du cheval. Dans nos sociétés hyper-urbanisées, il est le dernier moyen de nous lier encore à la vraie vie, à la nature – cette fameuse nature pas toujours bienveillante, mais dont notre esprit comme notre corps ont encore tant besoin.

Non, la mécanisation n'a pas ringardisé le cheval. Non, le cheval ce n'est pas le passé. Le cheval, c'est l'avenir.

C'est à cette occasion, je crois, que j'ai utilisé pour la première fois – mais pas la dernière ! – l'exclamation qui fait le titre du présent ouvrage : le cheval, c'est l'avenir* !

Plutôt que de m'éreinter à convaincre les antispécistes, animalistes et autres guerriers de causes voisines, telles que le véganisme – qui ne veulent rien entendre, je préfère maintenant tenter d'expliquer pourquoi le cheval et l'homme ont encore besoin l'un de l'autre.

* Un moment, j'ai songé donner à ce petit livre un titre plus poétique, inspiré d'un très beau texte d'Aragon dans *Le Fou d'Elsa* (1963) et repris en chanson, légèrement arrangé, par Jean Ferrat : "La femme est l'avenir de l'homme". Cela aurait alors pu donner *Le cheval est l'avenir de l'homme*, mais le risque aurait été grand qu'on me reproche de récidiver dans les comparaisons oiseuses. Voici une vingtaine d'années, j'ai publié en effet une anthologie au titre volontairement provocateur : *Le cheval est une femme comme une autre* (Pauvert-Fayard, 2001), qui a remporté un grand succès, mais m'a valu les foudres de quelques féministes dépourvues d'humour. Et parfaitement ingrates, car j'avais déjà paraphrasé, dans un autre contexte, le poème d'Aragon à l'avantage, cette fois, des femmes, en déclarant (ce qui d'ailleurs reste vrai) que "la femme est l'avenir du cheval".

Un autre élément m'a définitivement convaincu de renoncer à adapter Aragon, et de m'en tenir à plus de sobriété : la parution, en 2010, d'un ouvrage du philosophe (carnivore !) Dominique Lestel, intitulé *L'animal est l'avenir de l'homme* (Fayard).

Cessons donc de s'adresser aux sourds, et tournons-nous vers celles et ceux qui n'ont pas encore été contaminés. En commençant par les rassurer. Oui, des progrès restent à faire pour garantir le bien-être des animaux en général, des chevaux en particulier. Oui, il faut légiférer, réglementer et éventuellement punir les mauvais traitements. Oui, les animaux sont des êtres sensibles, qui méritent notre respect – et notre protection.

Il y a d'ailleurs en toutes ces matières d'indiscutables avancées. S'il faut trouver quelque avantage aux excès des animalistes, c'est d'avoir accéléré la prise de conscience et la prise de mesures. Sur la vingtaine de thèses présentées lors de la Journée des doctorants de la filière équine (le 16 mars 2018), par exemple, une bonne moitié portait sur des recherches relatives au bien-être du cheval, ou sur la redéfinition de la relation entre les hommes et les chevaux.

Dans l'une d'elles, Vanina Deneux (dont j'ai évoqué plus haut les travaux) pose la seule question qui vaille aujourd'hui : "Pourra-t-on encore vivre et travailler avec les chevaux demain ?"

"Cela n'a rien d'évident, répond-elle. Les remises en cause actuelles de nos relations aux chevaux s'inscrivent dans une condamnation plus large de la domestication elle-même." Or, explique-t-elle, "la domestication ne se réduit pas à une domination de l'homme sur les animaux. Elle est un ensemble de relations entre les espèces qui ont pour but de réaliser une œuvre commune grâce au travail, chacun devant y trouver son compte."

On devine ici l'influence de Jocelyne Porcher (qui, en effet, est la directrice de thèse de Vanina Deneux), à laquelle on doit quelques ouvrages essentiels à la compréhension du sujet : *Éleveurs et animaux, réinventer le lien* (PUF, 2002), *Bien-être animal et travail en élevage* (Éducagri-Inra, 2004), *Être bête* (avec Vinciane Despret, Actes Sud, 2007) et surtout *Vivre avec les animaux : une utopie pour le XXI*[e] *siècle* (La Découverte, 2011).

Pour avoir elle-même élevé des brebis, puis travaillé dans un grand élevage de porcs, Jocelyne Porcher, à la différence de bien des animalistes qui n'ont jamais fréquenté de près les animaux, sait de quoi elle parle. Elle a su démontrer que, pour les animaux, le travail n'est pas nécessairement une aliénation et que, loin d'être un asservissement, la domestication est plutôt un échange : l'homme et le cheval se sont apprivoisés mutuellement.

"On a cru le domestiquer, dit encore Vanina Deneux, mais c'est lui qui nous a domestiqués !"

Le propos est à rapprocher de ceux qu'a tenus Jean-Pierre Digard dans une gazette *(Cheval Magazine)* en mai 2011 sous le titre "Le cheval ? Un civilisateur de l'homme". "Par sa domestication, écrit-il, le cheval a fait plus que servir l'homme [...]. Le cheval a hominisé l'homme, à défaut de l'avoir toujours humanisé."

À l'inverse, pour reprendre une géniale formule de Jacques Lacan (*Autres écrits*, Seuil, 2001), le cheval a été "d'hommestiqué" !

À ces arguments oserais-je ajouter que – ce n'est pas un détail ! – sans la domestication, le cheval aurait probablement disparu. On sait bien que s'il n'existe plus sur Terre aucune sorte de chevaux sauvages (puisqu'on a découvert récemment que même le cheval de Prjevalski avait pour origine une espèce domestique !), c'est que ce quadrupède n'a pas su s'adapter de lui-même aux milieux naturels dans lesquels il évoluait. Si l'espèce a survécu, c'est grâce à l'intervention et à la protection des hommes : ce qu'on appelle la domestication.

Si l'on prône l'égalité, pourquoi accorder aux uns ce qu'on refuse aux autres ? Et pourquoi interdire aux uns ce que l'on admet pour les autres ? Le travail, par exemple. Pourquoi la notion d'effort, souvent exaltée chez les humains, et présentée comme une valeur, ne serait-elle pas valable pour les animaux qui fournissent un travail ?

On entend souvent des intellectuels se référer à Karl Marx et affirmer que, pour les hommes, comme sans doute pour les animaux, "le travail est une aliénation". C'est une très mauvaise interprétation de la pensée de Marx : pour lui, ce qui peut aliéner l'homme, ce n'est pas le travail lui-même, mais éventuellement les conditions de ce travail. Ce qui n'est pas du tout la même chose !

De même qu'un patron doit respecter la dignité d'un ouvrier, lui offrir une juste rétribution de son travail, tenant compte de sa pénibilité, soucieux de protéger la santé et l'intégrité de son collaborateur, de même, celui qui emploie (je dis bien : "emploie"

– et non “utilise”, et encore moins “exploite”) un cheval est tenu à ce même genre d’obligations.

Loin de parler d’aliénation, certains philosophes ont mis en lumière le fait que, pour les hommes, le travail a eu un effet libérateur. Ayant eu pour but d’échapper aux caprices de la nature – pour s’alimenter, se loger, se chauffer –, le travail, disent-ils, a été le seul moyen pour l’homme d’améliorer sa condition, de se hisser au-dessus de son animalité et d’ainsi acquérir une certaine liberté.

On a envie de citer ici une phrase de Karl Marx (encore lui) extraite de ses *Manuscrits de 1844* publiés après sa mort. En travaillant, y écrit-il, “le bestial devient l’humain et l’humain devient bestial”. La formule est certes ambiguë, et peut être interprétée de plusieurs façons. Je retiens, pour ma part, celle qui tend à dire que le travail a aidé l’homme à sortir de sa condition de simple mammifère parmi les mammifères.

En se dégageant par le travail de sa soumission à la nature, l’homme s’en est en quelque sorte libéré. Il est dommage que les nazis, en l’utilisant avec une cruauté sadique au fronton des camps de concentration (Auschwitz, Dachau, etc.), aient définitivement discrédité une très belle formule : *Arbeit macht frei*, “le travail rend libre”.

N’en est-il pas un peu de même pour les animaux – du moins pour les chevaux ? Si l’on ne peut pas dire que le travail soit pour eux, comme pour les hommes, à proprement parler libérateur, du moins a-t-il sur eux des effets améliorateurs.

Un cheval, en effet, ne travaille pas seul. Il ne travaille qu'en compagnie d'un homme. Cette collaboration, comme l'a si bien démontré Jocelyne Porcher, est une richesse : un codéveloppement. Le travail forme et éduque. Il "civilise". En le haussant au-dessus de sa propre nature, il permet au cheval de s'élever dans la hiérarchie des espèces.

Je devine que cette idée de hiérarchie fera hurler les antispécistes, qui ne jurent que par la notion d'égalité. Mais de quelle égalité peut-on parler entre une proie (le cheval) et un prédateur (l'homme) ?

La forme globalement harmonieuse et relativement égalitaire (c'est-à-dire faite de réciprocité) de la relation qu'ont pu, après des siècles de fréquentation et d'intimité, établir entre elles ces deux espèces est à mes yeux une grande victoire sur nos instincts, nos peurs, nos pulsions, notre nature profonde. Mettre fin à cette miraculeuse entente, rompre ce lien sans équivalent dans les relations interespèces serait une terrible récession, une défaite de la culture.

Question réciprocité, il faut au passage souligner le fait qu'en vérité le cheval nous a donné beaucoup plus que nous ne lui donnons. Le cheval a fait preuve à notre égard de générosité, j'allais dire de dévouement, parfois jusqu'à l'héroïsme. Il mériterait, comme je l'ai souvent proposé, qu'on édifie un monument à sa gloire, en son honneur, en remerciement des services rendus.

Cette collaboration, même asymétrique, a fini par forger une sorte de couple indissociable, interdépendant. Rompre le lien qui les unit, à la vie à la mort, pourrait être fatal à l'un comme à l'autre.

Dénoncer l'emploi de chevaux dans les cirques, les hippodromes, les centres équestres, les poney-clubs, c'est condamner l'espèce. Je l'ai souvent dit et démontré par cent exemples : lorsqu'on cesse d'employer une race de chevaux, la race disparaît. La menace pèse aujourd'hui sur l'ensemble des races, et donc sur l'espèce elle-même.

Encore une fois, il ne s'agit pas de tolérer les abus, les brutalités, les mauvais traitements. Il faut souligner que ces derniers sont d'ailleurs souvent dus non point à la méchanceté congénitale de ceux qui fréquentent les chevaux mais à l'incompétence, à l'ignorance : les mêmes, exactement, que celles dont font preuve ceux qui, prenant une position diamétralement opposée, préconisent son non-emploi, et donc, inexorablement, sa disparition. Car, je le répète, sans l'homme, le cheval ne peut survivre, ne peut vivre, ne peut exister.

Il faut, naturellement, prendre toutes les mesures possibles pour limiter les dégâts et sanctionner les excès, comme on cherche à le faire (enfin) contre les violences conjugales. C'est à la profession de faire la police chez elle, un peu comme sont censés le faire, par exemple, les Conseils de l'ordre des avocats, des architectes ou des médecins. Former les candidats, délivrer des permis, sévir contre les contrevenants, exclure les récidivistes, chasser les incapables : les pistes à explorer sont nombreuses. Mais on ne peut pas jeter le bébé avec l'eau du bain, abolir le mariage sous prétexte qu'il y a de mauvais maris (ou de mauvaises épouses), interdire l'équitation parce qu'il y a de méchants cavaliers, ou l'automobile parce qu'il y a des chauffards.

J'ai regretté parfois l'emploi du cheval dans certains spectacles vivants, non point parce qu'ils y étaient maltraités, mais parce qu'ils y étaient réduits à la simple fonction d'accessoire. En faisant monter sur scène un cheval pour les accompagner dans leurs shows, ces chevaux leur servaient davantage de faire-valoir que de véritables partenaires. C'est toute la différence, par exemple, avec les spectacles de Bartabas, où ils occupent le premier rôle.

Cette accessoirisation, cette "chosification", cette instrumentalisation du cheval, même si elles partent parfois d'une bonne intention, ne servent pas sa cause. Le cheval n'est ni une chose, ni un instrument, ni un accessoire. Le cheval n'est ni un jouet ni un outil. Il y a entre l'homme et lui interaction. Abolir cet échange, cette réciprocité est aussi condamnable que, à l'inverse, abuser de lui, de sa générosité, de sa bienveillance et de son innocence. Le cheval mérite autant notre respect que notre amour. Je dirais même qu'il a plus besoin de l'un que de l'autre.

Car l'amour est vite abusif. C'est le cas de celui que portent au cheval de jeunes personnes bien intentionnées qui, à force de vouloir protéger leur animal de toute servitude, toute contrainte, toute obligation, finissent par n'en faire – au mieux – qu'une sorte de poupée Barbie un peu encombrante ou – ce n'est pas mieux – une tondeuse à gazon.

Or, c'est une profonde erreur que de croire que le bonheur du cheval est dans l'inemploi, c'est-à-dire l'inaction. Outre le fait qu'il est assez difficile de déterminer en quoi consiste exactement le bonheur des chevaux alors qu'on est incapable de dire en quoi consiste celui des hommes, il faut écouter ceux qui, travaillant quotidiennement avec eux, ont une connaissance intime de ces animaux. Tous témoignent du fait que les chevaux éprouvent sinon du bonheur, du moins un réel plaisir à travailler – ou plutôt à jouer, le "travail" d'un cheval n'étant alors pas pour lui une corvée, mais une distraction : un jeu.

J'ai souvenir d'un article publié dans le quotidien *Paris turf* en mai 1995 par mon ami feu le docteur Giniaux, génial inventeur de l'ostéopathie équine, dans lequel il explique que, loin d'être une torture, une course de galop est pour un jeune cheval de pur-sang une partie de plaisir : "On a raison, écrit-il, de le laisser courir jeune puisque c'est le jeu auquel il s'adonne naturellement à cet âge." Il n'y a pas de meilleure défense et illustration de l'activité hippique.

Dans un genre différent, le célèbre homme de cirque Alexis Gruss, connu pour ses numéros équestres époustouflants, témoigne de la satisfaction qu'éprouvent ses chevaux à se donner en spectacle : "Ma piste mesure 13 mètres de diamètre [et 40 mètres de circonférence], mais la porte de sortie, elle, compte 8 mètres. Et les chevaux [pourtant en liberté] ne sortent pas. Jusqu'à présent, aucun cheval n'a sauté la piste ! La raison est simple : ils sont bien dedans !" écrit-il dans un ouvrage collectif, *Cavalier des bouts du monde*, réalisé par Élise Dürr (L'Elocoquent éditeur, 2019).

L'écuyer-chorégraphe Bartabas, fondateur du Théâtre équestre Zingaro, m'a montré une vidéo où l'on voit un de ses chevaux, mis depuis peu à la retraite dans une stabulation libre, s'amuser à se mettre tout seul au pas espagnol ou même au piaffer, comme au bon vieux temps : comment prétendre, dès lors, que les figures de la haute école sont d'insupportables contorsions imposées au cheval ?

Sans multiplier les exemples à l'infini, j'évoquerai le cas fréquent, auquel j'ai été personnellement confronté, de chevaux auxquels leurs propriétaires voulaient assurer une fin de vie paisible : mis soudain au pré, après une longue carrière dans le spectacle, le sport ou les courses, ils sombraient alors dans une sorte de prostration. Le travail, manifestement, leur manquait.

Soyons-en donc certain : l'activité, le travail font partie du bien-être du cheval.

Si quelqu'un a compris cette vérité de base, c'est bien William Kriegel, le fondateur du haras de la Cense et principal propagateur de l'équitation dite éthologique en France.

On peut penser ce qu'on veut de cette équitation inspirée du *horsemanship* américain, mais j'y vois pour ma part un avantage essentiel : elle prétend prendre en compte tout ce qu'on peut savoir des besoins naturels du cheval, affiche avoir pour éthique la recherche de son bien-être, mais conserve tout de même pour objectif final son emploi. Dans la formule "équitation éthologique", il y a bien le mot équitation. Raison pour laquelle j'ai toujours défendu cette nouvelle approche lorsque les partisans des bonnes vieilles méthodes, qui, pourtant, n'ont pas toujours fait leurs preuves, cherchaient à la tourner en dérision.

Il y a dans la façon dont procèdent le haras de la Cense et ses épigones quelque chose de rassurant (travail à pied, discours scientifique mais pas trop, pratiques ludiques), parfaitement adapté aux besoins d'aujourd'hui, où les amateurs d'équitation habitent majoritairement en ville. Beaucoup de jeunes citadins, tentés par l'équitation, n'ont en fait jamais eu l'occasion d'aborder un cheval, de le toucher, de le sentir. À ceux-là, le plus souvent des jeunes femmes, l'équitation éthologique propose un premier contact qui ne se terminera pas, comme trop souvent ailleurs, par une chute, un traumatisme et donc un renoncement à aller plus loin. De tous les sports, l'équitation est celui qui connaît le plus fort taux d'abandon. Il serait intéressant de se demander pourquoi avant de se moquer du jargon et des postures prétendument éthologiques qui dominent aujourd'hui dans l'enseignement de l'équitation. Pour moi, toutes les méthodes, toutes les astuces sont bonnes pourvu qu'elles aboutissent à l'emploi du cheval, c'est-à-dire à sa sauvegarde.

Je comprendrais très bien qu'à ce stade de mon discours certains s'interrogent : pourquoi tant d'obstination à vouloir sauvegarder à tout prix cette espèce-là plutôt qu'une autre ? D'après de très sérieuses estimations (par l'Union internationale pour la conservation de la nature, UICN), une espèce d'oiseaux sur huit et une espèce de mammifères sur quatre seraient menacées de disparition. Pourquoi, dès lors, s'intéresser davantage au cheval que, par exemple, aux girafes ou aux hippopotames ?

Il y a, d'abord, le fait que nous entretenons avec cet animal une relation particulière, à nulle autre pareille. Quand je dis "nous", je ne limite pas le propos à la France, à l'Europe, à l'Occident : le phénomène est universel. Je ne le limite pas non plus aux temps modernes : il a commencé voici plusieurs millénaires, bien avant même les débuts de la domestication.

À dire vrai, la relation entre le cheval et l'homme – ou, si l'on préfère, entre l'homme et le cheval – est une bizarrerie, une anomalie, une étrange affaire puisqu'elle consiste en un rapprochement entre deux espèces que tout oppose, une alliance presque contre nature : celle d'un carnivore (ou, plus exactement, un omnivore) avec un herbivore, d'un chasseur avec un gibier. Cela a été souvent souligné, mais jamais avec suffisamment d'insistance, car cette particularité détermine – et explique – la vie orageuse de ce couple insolite, improbable ou, à tout le moins, mystérieux.

L'histoire de leur relation est une longue succession de paradoxes. Le premier est son inexplicable lenteur, son extrême étirement. On a la preuve (à défaut de savoir l'interpréter) de l'ancienneté de la fascination que le cheval exerce sur l'homme par l'abondance des représentations de cet animal dans les peintures et gravures rupestres. Les spécialistes en ont fait un inventaire : le cheval assure à lui tout seul près du tiers de la totalité de l'iconographie préhistorique ! Les fresques les plus anciennes – et aussi les plus belles – sont, dans l'état actuel de nos connaissances, celles qui ornent les parois de la grotte Chauvet. Elles datent de trente-cinq mille ans. Or, croit-on savoir, toujours dans l'état actuel de nos connaissances, les toutes premières expériences de domestication ne remontent qu'à – 5000. Comment comprendre qu'il ait fallu aux hommes tant de temps – trois cents siècles ! – pour passer enfin de la fascination à l'utilisation, de la contemplation à la pratique ?

L'autre paradoxe – mais ceci explique peut-être cela – est que le premier sentiment, la première sensation, la première émotion qu'éprouvent ces deux êtres lorsqu'ils se rencontrent, se rapprochent l'un de l'autre, c'est la peur. Un des écuyers les plus expérimentés et les plus célèbres au monde, Bartabas, l'a avoué au cours d'une conversation avec l'illustre mathématicien Cédric Villani : "Ma première rencontre avec les chevaux était la fascination. La fascination, c'est l'admiration *et la peur.*" (*Comment conjuguer passion et création*, Favre, 2014.)

Ce qu'il est important de saisir, c'est que cette peur est réciproque. Il faut d'ailleurs bien reconnaître que celui des deux qui a le plus de raisons de craindre l'autre ou, du moins, de s'en méfier, c'est le cheval. Car le chasseur, le prédateur, ce n'est pas lui : c'est l'homme.

Cette méfiance mutuelle n'est pas négative : elle contraint l'homme à rassurer le cheval, à établir avec lui un lien de confiance, mieux : un rapport de séduction. C'est bien, d'ailleurs, ce qui fait la beauté, la grandeur de leur relation. Alors qu'avec un chien, par exemple, on peut copiner – après tout, on est pareil : on aime chasser, manger, copuler et dormir –, ce genre de rapport n'est pas concevable avec un cheval. Avec lui, il faut rester en permanence dans l'attention, le respect, j'allais dire : la politesse. Une grande zootechnicienne russe, Maria Tcherkezova, aimait dire que "le cheval est un animal qu'il faut vouvoyer".

Il y a, ensuite, l'impératif écologiste : il est urgent de préserver la biodiversité, du moins ce qu'il en reste. Mais ce n'est pas mon principal argument. J'ai moi-même souvent mis en doute, je le confesse, l'intérêt de dépenser tant d'efforts, tant d'imagination (et tant d'argent) à s'évertuer de reconstituer un type de cheval – le cheval de Prjevalski – qu'on a qualifié tantôt de "préhistorique" *(sic)*, tantôt de “dernier cheval sauvage”, alors que les dernières lignées qu’on aurait pu, à la rigueur, qualifier de sauvages s’étaient éteintes depuis longtemps.

Avec une insolence un peu idiote que je regrette aujourd’hui, j’avais été jusqu’à comparer cette entreprise de réhabilitation à celle qui aurait consisté à remettre des hommes dans les cavernes, afin de reconstituer ainsi, peut-être, Néandertal ou Cro-Magnon (!).

Non, la vraie raison de mon empressement est beaucoup plus simple : c’est que l’homme a un besoin impérieux du cheval.

Il me faut, pour m’en expliquer, répéter ici quelques banalités, énoncer quelques lapalissades et quelques généralités.

L’urbanisation, qui a connu depuis la dernière guerre mondiale une extension foudroyante, a eu à la fois pour cause et pour effet de vider les campagnes. En deux ou trois générations seulement, la France (pour ne parler que d’elle, mais le phénomène est le même partout en Europe) a cessé d’être un pays rural. 80 % de sa population vit aujourd’hui dans des villes, ou dans leur périphérie. Cela signifie que 80 % des Français n’ont plus aucune idée des réalités de la campagne, avantages et inconvénients inclus. Interrogez-les sur les saisons des semailles et des moissons, des vendanges ou de la fenaison, et vous serez fixé.

Cette méconnaissance des lois de la nature est plus nette encore en ce qui concerne les animaux.

Si l'installation d'un poulailler sur son balcon ou sa terrasse est la dernière marotte de quelques citadins, l'ignorance des besoins les plus élémentaires d'une brebis, d'un goret – ou d'un cheval ! – et des contraintes les plus courantes qu'implique leur entretien est abyssale.

"Adieu veau, vache, cochon, couvée !" ont proclamé en chœur toutes les Perrettes de France et de Navarre des temps modernes en se rendant à la ville.

En compensation, peut-être, ou pour lutter contre la solitude qu'engendre la vie dans la foule, beaucoup ont fait l'acquisition d'un animal de compagnie. Les chats et les chiens sont les principaux bénéficiaires (?) de ce vaste élan. D'après mon ami Jean-Pierre Digard, indiscutable spécialiste du sujet, les foyers français hébergeraient actuellement treize millions de chats et huit millions de chiens. Si l'on y ajoute les poissons rouges, les hamsters, les oiseaux, les tortues, on va bien au-delà du chiffre qu'affiche la fameuse association, émission (et magazine) *30 millions d'amis.* Les amis en question seraient plutôt de l'ordre du double, estime le spécialiste.

La méconnaissance totale de la nature profonde des animaux par les gens des villes commence là, avec la maltraitance – involontaire, bien sûr – de leur pauvre cabot autorisé à n'aller pisser, dûment tenu en laisse, qu'une ou deux fois par jour sur l'asphalte et déposer sa crotte sur le trottoir des voisins d'en face – alors que boxers, braques, labradors et autres bergers n'ont qu'une idée en tête : aller courir dans de vastes étendues giboyeuses.

Simultanément à ce confinement urbain s'est développé, de façon encore plus foudroyante, un autre phénomène – celui-ci à caractère technologique –, qui a bouleversé radicalement – c'est un lieu commun de le souligner – nos façons de vivre, de communiquer, de s'informer et, bien sûr, de penser. J'évoque ici, on l'a compris, la révolution informatique, dont les avantages sont incontestables, mais qui présente aussi quelques inconvénients.

Le développement des réseaux sociaux que cette révolution a permis a abouti en effet à une situation inverse de celle à laquelle on aurait pu s'attendre. Loin d'avoir renforcé le lien social, ces réseaux dits sociaux les ont au contraire distendus. Loin de relier les gens entre eux, ils les isolent, les confinent dans leur petit univers mental, leurs fantasmes et leurs certitudes, et hypertrophient leur moi – ce qui aggrave encore leur isolement. Si les messages diffusés par Facebook, Instagram et autres permettent de croire qu'on est connecté au monde, ce n'est qu'une illusion : on en est au contraire de plus en plus déconnecté. Les humains ont désappris à vivre ensemble, à discuter, à s'expliquer, et même à s'exprimer.

Oui : de même que la mécanisation, l'industrialisation, l'urbanisation ont, au-delà de leurs incontestables avantages en matière de confort, débouché sur un désastre social, les merveilles de l'informatique et de la cybernétique ont eu aussi des effets calamiteux. Non seulement sur l'art du vivre-ensemble (ce qu'on appelle la convivialité, la politesse, la courtoisie, et j'en passe), mais aussi sur la relation qu'on entretient avec notre nature profonde : de la même façon que les chiens éprouvent la nécessité vitale de courir au grand air, nous avons, nous les hommes, besoin – un besoin de plus en plus pressant, de plus en plus impérieux au fur et à mesure qu'on s'en éloigne – de ressentir notre appartenance au monde vivant. Disons-le : à la nature.

Je ne vois pas d'autre explication au succès qu'ont connu, ces dernières années, les livres, les expositions, les documentaires qui nous exhortent à nous rapprocher des arbres, ces grands frères immobiles, auprès desquels nous pourrions, paraît-il, nous reconnecter ou, pour jouer sur les mots, nous rebrancher*. Jouer sur les mots, c'est ce que n'a pas hésité à faire *Le Monde* (22-23 avril 2018) dans un article intitulé "Touchons du bois", qui explique que "de plus en plus de Français éprouvent le besoin

* Parmi d'autres : l'essai de l'ingénieur forestier helvétique Ernst Zürcher, *Les Arbres entre visible et invisible* (Actes Sud, 2016), le best-seller de l'Allemand Peter Wohlleben, *La Vie secrète des arbres* (en français aux éditions des Arènes, 2017) ; le roman de l'Américain Richard Powers, *L'Arbre monde* (en français au Cherche-Midi éditeur, 2018) ; l'exposition de la Fondation Cartier pour l'art contemporain, "Nous les arbres" (2019/2020) ; ou le recueil de dessins de l'artiste Bruno Cordilhac, *Éloge de l'arbre* (éditions du Contrefort, 2018).

de se raccrocher aux branches et vivent la forêt comme un espace de méditation et un moyen de se ressourcer".

On a compris où je voulais en venir. Pour se ressourcer, se rebrancher, se reconnecter au monde vivant, à la nature, à la Terre, au cosmos, il y a mieux encore que les arbres : il y a les chevaux.

C'est ce qu'expérimentent avec succès un nombre croissant d'adeptes d'une de ces nouvelles disciplines que sont la communication animale, la médiation équine, l'équithérapie, l'équicoaching*.

J'avais (je l'avoue) une sorte de prévention à l'égard de toutes ces nouvelles techniques dites de développement personnel. Une des raisons de mon agacement à leur égard est l'emploi excessif et

* Je ne connais pas tous ses adeptes ou praticiens, d'autant qu'il en surgit chaque jour ou presque de nouveaux. Mais je peux recommander l'une d'elles parce qu'elle a procédé à une sélection sévère parmi les divers intervenants auxquels elle fait appel pour animer les "séjours bien-être" que propose son agence de voyages Zen&Go (zenngo.fr), avec stages de yoga, séance de détox et autres techniques de "développement personnel". Zen&Go est une filiale récente d'une agence de voyages équestres, Caval&Go (www.cavalngo.com), créée dix ans plus tôt avec une copine par une intrépide cavalière et dynamique entrepreneuse connue sous son seul prénom : Phoebe. C'est à force d'organiser des rencontres entre chevaux et cavaliers et de constater l'incroyable bienfait que l'équitation pouvait apporter à certains de ses clients qu'elle a décidé de creuser le sujet avec des spécialistes et d'en faire une activité spécifique.

souvent abusif de termes d'origine anglo-saxonne ou, pour être plus précis, américaine. Ma seule consolation est que le mot "coach" ayant la même racine que notre mot "cocher", il a donc, quand même, cela me rassure un peu, quelque chose à voir avec les chevaux… Et puis, un jour, trois professionnels, Guillaume Antoine, Laure Soulage et Stéphane Wattinne, m'ont envoyé le manuscrit du manuel pratique qu'ils envisageaient d'éditer. Ma principale découverte à la lecture de cet ouvrage est que l'équicoaching, pour fonctionner correctement, doit s'appuyer sur la compréhension de la nature profonde du cheval, de son langage, de ses réactions, de ses "pensées", de ses ressorts intimes. Les recherches de ceux qui le pratiquent – c'est le cas des trois auteurs de ce livre – contribuent à l'approfondissement de notre connaissance de l'animal. Ce qui me permet d'en conclure que si l'équicoaching, c'est bon pour les hommes, c'est bon aussi pour les chevaux*.

* Du coup, j'ai accepté avec plaisir de préfacer ce sympathique ouvrage, *Le Cheval coach. L'équicoaching, une expérience transformante*, paru en septembre 2020 aux éditions Yves Michel (www.yvesmichel.org). Sur le même sujet, on pourra consulter l'ouvrage de Jean-Paul Bérard, Arnaud Camus et Laurence Flichy, *Équicoaching, l'intelligence émotionnelle au cœur de l'entreprise* (Actes Sud, 2016). Et puisque j'en suis à recommander de bonnes lectures, je signale ici l'excellent ouvrage d'Agnès Galletier paru voici dix ans mais indémodable, *Pourquoi*

Que ce soit de cette façon ou d'une autre, que ce soit à pied ou à califourchon, dans un pré ou dans un box, la fréquentation des chevaux est un moyen d'une formidable efficacité pour renouer avec sa propre animalité, c'est-à-dire sa condition humaine.

Un philosophe, Baptiste Morizot, a exprimé cela beaucoup mieux que moi : "Nos relations avec l'animalité en nous, écrit-il, sont corrélées à nos relations avec le vivant hors de nous. Changer les unes change les autres [...]. Accepter notre identité de vivant, renouer avec notre animalité pensée ni comme primalité à surmonter, ni comme sauvagerie pure, mais comme héritage riche à recueillir et à moduler, c'est accepter notre destin commun avec le reste des vivants." (*Manières d'être vivant*, Actes Sud, 2020, collection "Mondes sauvages". Du même auteur, on lira également avec profit *Raviver les braises du vivant*, Actes Sud, 2020, collection "Domaine du possible".)

Avant d'être un roseau pensant, l'homme est un mammifère ; au même titre que les autres animaux, un être sensible méritant autant de respect

les chevaux nous font tant de bien (éditions du Rocher, 2010, collection "Cheval-chevaux").

Dans un genre moins grand public, on pourra s'instruire en lisant *Le Pouvoir du lien : quand hippothérapie et neurosciences cheminent ensemble* (Actes Sud, 2020, collection "Domaine du possible"), de Manuel Gavira et Hélène Viruega. Cette dernière est l'épouse du neveu préféré d'un illustre écuyer, mon maître Denis Bogros !

et de considération que celle qu'il accorde aux autres espèces.

Si se soucier du bien-être des animaux est la moindre des choses, il n'est pas illégitime de se préoccuper du mal-être des hommes. Ni malsain de vouloir faire profiter les uns du pouvoir des autres. Cela s'appelle un échange de bons procédés, et cela a assez bien fonctionné pendant sept millénaires, au cours desquels, on l'a dit, l'homme et le cheval se sont domestiqués mutuellement, "civilisés" l'un l'autre. Il y a entre les deux espèces à la fois complémentarité, mutualisation et interdépendance.

Rompre ce pacte, couper ce lien est attentatoire à notre nature.

En développant ainsi cette idée de l'appartenance de l'homme au reste du monde vivant, je ne fais que rappeler la vision animiste de l'univers. J'ai dit animiste – pas animaliste ! Même si l'animalisme, parfois, se réclame de l'animisme, les deux conceptions des relations entre les vivants diffèrent radicalement. Conformément à la tradition judéo-chrétienne, les animalistes font porter toute la responsabilité à l'homme : en attribuant à ce dernier une telle charge, ils le placent au-dessus de toutes les autres espèces, ainsi qu'il est dit, en effet, dans la Bible.

L'animisme, à l'inverse, donne à l'homme la même place, exactement, qu'à toutes les autres espèces. Pensée primitive, certes, mais à laquelle il n'est pas mauvais de se référer, au moins partiellement, en ces temps contraires où s'est produit un point de rupture totale avec la nature. Le cheval, au contraire, peut être un point de suture. Il peut être un formidable révélateur de notre propre animalité, et en même temps améliorer notre perception et notre intégration au monde auquel nous appartenons.

Outre le fait qu'il soit un formidable consolateur de nos petits malheurs, un thérapeute ayant fait ses preuves, un patient compagnon de travail ou de jeu, le cheval est aussi pour nous un guide.

Constamment aux aguets, attentif au moindre bruit, au moindre mouvement, guettant le plus petit danger, le cheval réagit de façon subite, parfois un peu brusque, et souvent disproportionnée à la menace. C'est précisément cette hypersensibilité à l'environnement, au monde, qui nous oblige à porter nous aussi un regard attentif sur ce qui nous entoure. À cheval, il est nécessaire d'anticiper les réactions de sa monture, de détecter avant elle ce qui pourrait l'inquiéter, et donc de développer notre acuité, d'affûter nos sens. Et même de regarder la nature autrement, de découvrir toutes ces manifestations de vie – le vent, les papillons, les ombres, les frottements – auxquelles on ne prenait garde. Ainsi le cheval nous réapprend-il à fréquenter la nature. Le cheval est un exhausteur de nos sens : l'ouïe, l'odorat, la vue. Il nous oblige, il nous aide à mieux appréhender le monde.

Raison pour laquelle, de toutes les activités qu'on peut pratiquer avec un cheval, j'ai une nette préférence pour ce qu'on appelait autrefois l'équitation d'extérieur ou, mieux, l'équitation "en terrain varié", qui consiste à sortir des quatre murs étouffants d'un manège, à s'affranchir des barrières d'une carrière ou des clôtures d'un hippodrome. À prendre l'air, quoi ! À nous les grands espaces ! Il n'y a pas, à mon avis, de meilleure façon de rendre au cheval sa fonction première – de lui restituer, en quelque sorte, son honneur – que de le laisser ainsi prendre ses aises, déployer ses ailes invisibles, exprimer sa vitalité et sa proximité avec la nature, démontrer ses qualités de cœur, et sa capacité à abolir les distances.

Certains vous expliqueront que tout ça, ce n'est pas vraiment de l'équitation. C'est du radada. Des galopades forcément "échevelées" qui, pour eux, évoquent piteusement la chasse à courre, les charges de cavalerie ou les attaques de diligence. Bref, aucun rapport, disent-ils, avec l'art équestre. À ceux-là, je voudrais juste rappeler que l'auteur du premier véritable traité d'art équestre de l'histoire, Xénophon (IVe siècle av. J.-C.), était un sacré cavalier d'extérieur (il participa à la fameuse expédition des Dix Mille à travers l'Asie centrale et combattit dans la cavalerie de Sparte). Leur rappeler aussi qu'un des maîtres d'équitation les plus brillants du XXe siècle, Étienne Beudant – surnommé "l'écuyer mirobolant" – patrouillait à cheval dans le djebel des journées entières, avant de s'amuser à mettre ses chevaux au piaffer et au passage. Son ouvrage majeur porte d'ailleurs un titre limpide : *Extérieur et haute école* (1923). Il n'y a en effet aucune incompatibilité – qu'on se le dise ! – entre le travail de haute école et l'équitation d'extérieur. Et il est évident qu'une bonne connaissance des finesses de l'art équestre permet non seulement d'apprécier davantage le travail en terrain varié, mais aussi de le rendre plus utile. Je me permets donc de recommander aux habitués des rectangles de dressage et des terrains de concours, de pratiquer, autant que faire se peut, l'équitation d'extérieur. À la fois pour leur cheval, qui prendra dans l'exercice un plaisir certain, et pour eux-mêmes, qui apprendront ainsi à mieux connaître leur monture.

Car il n'y a pas meilleur moyen de connaître intimement un cheval – son caractère, son émotivité, sa générosité, son "moral" – que de le sortir du cocon d'un manège ou d'une carrière.

Pour être tout à fait honnête, je reconnais que l'équitation d'extérieur et ses mille variantes – la randonnée, l'endurance, le cross, le raid ou le tourisme équestres – n'améliorent pas nécessairement, en tant que telle, le niveau équestre de ceux qui la pratiquent. Je ne pense pas avoir été meilleur cavalier à l'arrivée qu'au départ (donc très moyen, pour ne pas dire médiocre ou, pour être moins faussement modeste : de niveau simple amateur) lorsque j'ai réalisé, en 1990, mon voyage de Paris à Moscou (3 333 kilomètres en 75 jours) grâce à mes deux trotteurs, Prince de la Meuse et Robin. Mais j'affirme avoir eu avec eux une relation exceptionnelle. J'ai pu, de jour en jour, mieux les connaître

– au physique comme au moral –, mieux les comprendre, mieux les apprécier (et donc, aussi, mieux les employer).

En équitation d'extérieur, il y a, bien sûr, l'homme et le cheval – mais aussi un troisième partenaire : la nature environnante (ou, si l'on préfère, l'environnement), à laquelle il faut être attentif, avec laquelle il faut savoir composer, qu'il faut savoir, aussi, utiliser.

Ceux qui prétendent que le cheval est devenu inutile, que la mécanique l'a remplacé, et qu'il n'a plus sa place dans le monde moderne se trompent lourdement. Car c'est exactement le contraire !

Plus on sera urbanisé, mécanisé, informatisé, plus le cheval nous sera indispensable, car il sera notre tout dernier vrai contact avec la vraie nature.

Vivant dans des villes, évoluant dans un univers virtuel, l'homme reste tout de même un mammifère subissant des instincts, et éprouvant des besoins que les hyperconnexions ne peuvent satisfaire.

D'où l'énorme succès, comme je l'ai déjà évoqué, de la littérature proposant une redécouverte du pouvoir des arbres et de l'influence bienfaisante qu'ils peuvent exercer sur nous, les hommes. Quand va-t-on découvrir (ou redécouvrir) que les chevaux sont capables de nous réconcilier avec notre nature profonde, instinctive, sauvage, préhistorique, éternelle, universelle ?

À différents indices, on peut s'apercevoir (et se réjouir) du fait que l'idée fait son chemin. Ce n'est pas un hasard si le nouveau manuel produit par le haras de la Cense, par exemple, traite de l'équitation d'extérieur et s'intitule *À cheval dans la nature* (Delachaux et Niestlé, 2018). Plus sobre encore, le titre d'un spectacle équestre proposé en 2018 par le Domaine de Chantilly tient en un seul mot : *Nature* !

"En passant notre vie auprès des chevaux, explique sa conceptrice, Sophie Bienaimé, en les emmenant chaque jour en forêt pour leur apporter le bien-être dont ils ont besoin, nous prenons quotidiennement conscience de la richesse de cette nature, source de paix et de sérénité, indissociable de notre vie."

Nul ne s'était mieux exprimé à ce sujet depuis 1732, date à laquelle le dramaturge français Destouches, dans une de ses pièces *(Le Glorieux)*, s'était exclamé : "Chassez le naturel, il revient au galop !"

Preuve qu'il ne faut jamais désespérer : cette prise de conscience commence à toucher les milieux jusque-là les plus obtus.

On se souvient de celui qui fut longtemps adjoint au maire de Paris (2001 à 2008), Yves Contassot, qui eut un jour la lumineuse idée de chasser la Garde républicaine du centre-ville, sous prétexte que le crottin de cheval constituait une insupportable pollution.

Il n'avait manifestement pas consulté les moineaux de Paris, qui trouvent au contraire que le parfum et le goût dudit crottin sont un des rares éléments qui leur rappellent la campagne.

Mais bref, la suggestion ne fut pas retenue, et l'on pria le bonhomme d'aller s'occuper plutôt de ses chevaux-vapeur et de ses chevaux fiscaux : Yves Contassot fut, en effet, un des principaux promoteurs de l'opération Autolib', dont on connaît le brillant destin.

Tous les écologistes, heureusement, ne sont pas aussi stupides. Voyez l'autre Yves de l'écologie à la française : Yves Cochet, qui fut pendant neuf mois ministre de l'Environnement dans le gouvernement Jospin. En 2006, il a eu la sagesse de se retirer de la politique et de s'installer dans un trou perdu de Bretagne en attendant, sinon la fin, du moins l'effondrement du monde.

C'est là qu'un journaliste de France Info l'a retrouvé et interviewé le 31 juillet 2019.

Pour se préparer à l'écroulement général du système ("Ça va arriver entre 2020 et 2040, prophétise-t-il, le temps d'épuiser les réserves pétrolières"), il a constitué des stocks de bois de chauffage (!!!), aménagé un potager... et acheté un cheval, qu'il a baptisé Viking : un gros bourrin sympathique, dont la bonne tête massive est traversée par une liste blanche allant du toupet jusqu'au bout de nez.

"Faites attention où vous marchez", dit Cochet le bien nommé (il s'est acheté deux carrioles) au journaliste : "Il y a du crottin partout dans ce pré." Puis, s'adressant au bestiau, dont il flatte l'épaisse encolure :

"C'est toi l'avenir !" lui dit-il.

Bravo, cher Yves Cochet. Peut-on juste vous demander d'expliquer ça à nos amis des partis animalistes qui, comme vous le savez, préconisent au contraire qu'on cesse de monter, atteler, employer les chevaux. Ce qui aurait pour conséquence leur disparition.

Dites bien aussi à vos anciens amis écolos que, de la même façon qu'il faut planter des arbres si l'on veut sauver la planète, il faut également réintroduire des chevaux dans la campagne. Et, au besoin, dans la ville.

Autre signe des temps encourageant : le jeune philosophe à la mode Gaspard Koenig, spécialiste de l'intelligence artificielle (IA), mais doté lui-même d'une belle intelligence naturelle, a voulu mieux s'imprégner de la pensée de Montaigne en utilisant le même mode de transport que lui : un cheval. Avant d'entreprendre une traversée de la France et de l'Italie, de Bordeaux à Rome, *via* la Suisse et la Bavière, sur les traces exactes de son illustre modèle, il a été interrogé par un journaliste de l'hebdomadaire *Le Point* (10 décembre 2019) sur le choix surprenant de son véhicule. Il aurait pu répondre que l'équitation favorise la sagesse, que la lenteur du déplacement est propice à la réflexion. Mais non. Ce n'est pas ce qu'il a dit. "Le cheval permet de voyager sans traces ou presque, de manière à la fois anonyme, économe et à l'abri des grèves", a-t-il répondu, avant de conclure : "Cet animal a de l'avenir."

On est d'accord.

En résumé

LES CHEVAUX ONT LE DROIT DE VIVRE

(et de vivre heureux !)

Pour ceux qui se seraient un peu égarés dans les méandres de mes réflexions, j'ai tenté de résumer ma pensée en formulant les cinq grands principes qui m'animent.

En choisissant de les exprimer de cette manière, je suis conscient que je m'expose à certaines critiques. Je me suis opposé, en effet, à ceux qui veulent légiférer pour accorder des Droits aux animaux : ce serait absurde, disais-je, car il ne peut y avoir de Droits sans cette contrepartie qu'on ne peut exiger des animaux que sont les Devoirs.

Au risque de me contredire un peu, j'énonce ici les cinq Droits fondamentaux qu'il est de notre Devoir d'accorder aux chevaux.

Puissent-ils servir de règles de conduite dans la relation que nous entretenons avec eux et lui assurer ainsi un avenir… radieux !

1. Les chevaux ont droit à notre reconnaissance
… ne serait-ce qu'en raison des éminents services qu'ils nous rendent depuis cinq ou six millénaires.

2. Les chevaux ont droit à notre respect et à notre bienveillance
… en tant qu'êtres vivants, dotés de sensibilité et d'intelligence.

3. Les chevaux ont droit à être logés, nourris et soignés conformément à leurs besoins
… besoins de mieux en mieux connus, grâce aux progrès d'une science, l'éthologie, qui a permis de les identifier avec précision.

4. Les chevaux ont droit de travailler ou jouer si cela leur fait plaisir
… et lorsque cela ne leur fait pas plaisir, ils se chargent de nous le faire clairement savoir !

5. Les chevaux ont droit à recevoir un enseignement et une éducation
… qui leur permettront d'améliorer leur adaptation au monde d'aujourd'hui.

POUR ALLER PLUS LOIN

Guillaume Antoine, Laure Soulage, Stéphane Wattinne, *Le Cheval coach. L'équicoaching, une expérience transformante*, éditions Yves Michel, 2020.

Bartabas, Cédric Villani, *Comment conjuguer passion et création*, caracole/Favre, 2014.

Jean-Paul Bérard, Arnaud Camus, Laurence Flichy, *Équicoaching, l'intelligence émotionnelle au cœur de l'entreprise*, coll. "Domaine du possible", Actes Sud, 2016.

Tristan Bernard, *Souvenirs épars d'un ancien cavalier*, Georges Crès & Cie, 1917.

Marcel B. Bouché, *Des vers de terre et des hommes*, Actes Sud, 2014.

Sylvie Brunel, *Pourquoi les paysans vont sauver le monde*, Buchet Chastel, 2020.

Bruno Cordilhac, *Éloge de l'arbre*, éditions du Contrefort, 2018.

Gilles Daveau, *Manger moins (et mieux) de viande*, coll. "Je passe à l'acte", Actes Sud, 2017.

Vinciane Despret, *Habiter en oiseau*, coll. "Mondes sauvages", Actes Sud, 2019.

Jean-Pierre Digard, *L'animalisme est un anti-humanisme*, CNRS éditions, 2018.

Sébastien Duffillot, *La Marche des géants*, Actes Sud, 2018.

Stéphane Durand, *Le Peuple des forêts*, Actes Sud, 2016 .

Élise Dürr, *Cavalier des bouts du monde*, L'Elocoquent éditeur, 2019.

Francis Hallé, *Plaidoyer pour l'arbre*, Actes Sud, 2005.

Il était une forêt, Actes Sud, 2013.

Du bon usage des arbres. Un plaidoyer à l'attention des élus et des énarques, coll. "Domaine du possible", Actes Sud, 2011.

Agnès Galletier, *Pourquoi les chevaux nous font tant de bien*, coll. "Cheval-chevaux", éditions du Rocher, 2010.

Agnès Galletier, Magali Delgado, Gabriele Boiselle, *La Force du lien*, Actes Sud, 2014.

Colette Gouvion, *Un dernier berger*, Rouergue, 2009.
Éric Grissell, *Les Insectes au jardin*, Rouergue, 2009.
Haras de la Cense, *À cheval dans la nature*, Delachaux et Niestlé, 2018.
Anne Konitz-Hoyeau, *Éleveurs*, Actes Sud, 2019 .
Bernie Krause, *Chansons animales & cacophonie humaine*, Actes Sud, 2016.
Sabrina Krief, *Chimpanzés, mes frères de la forêt*, coll. "Mondes sauvages", Actes Sud, 2019.
William Kriegel, *À mon allure*, coll. "Domaine du possible", Actes Sud, 2018.
Jacques Lacan, *Autres écrits*, Seuil, 2001.
Dominique Lestel, *L'animal est l'avenir de l'homme*, Fayard, 2017.
Rémy Marion, *Ovibos, le survivant de l'Arctique*, coll. "Mondes sauvages", Actes Sud, 2020.
L'ours, l'autre de l'homme, coll. "Mondes sauvages", Actes Sud, 2018.
Ligue pour la protection des oiseaux, *Faune sauvage de l'Aveyron. Atlas des vertébrés*, Rouergue, 2008.
Baptiste Morizot, *Manières d'être vivant*, coll. "Mondes sauvages", Actes Sud, 2020.
Sur la piste animale, coll. "Mondes sauvages", Actes Sud, 2018.
Raviver les braises du vivant, coll. "Domaine du possible", Actes Sud, 2020.
Caitlin O'Connell, *Le Parrain, au cœur d'un clan d'éléphants*, coll. "Mondes sauvages", Actes Sud, 2019.
Corine Peluchon, *Réparons le monde. Humains, animaux, nature*, Rivages, 2020.
Jocelyne Porcher, *Éleveurs et animaux, réinventer le lien*, PUF, 2002.
Bien-être animal et travail en élevage, Éducagri-Inra, 2004.
Vivre avec les animaux : une utopie pour le XXIe siècle, La Découverte, 2011.
Jocelyne Porcher, Vinciane Despret, *Être bête*, Actes Sud, 2007.
Richard Powers, *L'Arbre-monde*, Cherche-Midi éditeur, 2018.

Ulrich Raulff, *Das letzte Jahrhundert der Pferde*, Verlag C. H. Beck, 2015.

François Sarano, *Le Retour de Moby Dick*, coll. "Mondes sauvages", Actes Sud, 2017 .

Coralie Schaub, *François Sarano, réconcilier les hommes avec la vie sauvage*, coll. "Domaine du possible", Actes Sud, 2020.

Bruno Sirven, *Le Génie de l'arbre*, Actes Sud, 2016.

Claire Veillères (dir.), *La Fin du cheval ?*, Favre, 2018.

André Velter, Ernest Pignon-Ernest, *Sur un nuage de terre ferme*, Actes Sud, 2020.

Arnaud Ville, *Les Petits des forêts*, Rouergue, 2018.

Hélène Viruega-Bogros et Manuel Gaviria, *Le Pouvoir du lien : quand hippothérapie et neurosciences cheminent ensemble*, coll. "Domaine du possible", Actes Sud, 2020.

Peter Wohlleben, *La Vie secrète des arbres*, éditions des Arènes, 2017.

Ernst Zürcher, *Les Arbres entre visible et invisible*, Actes Sud, 2016.

DANS LA COLLECTION "ARTS ÉQUESTRES"

Émir Abd el-Kader et Général Daumas, *Dialogues sur l'hippologie arabe*
Karl Wilhelm Ammon, *Chevaux des Arabes et chevaux arabes*
Étienne Beudant, *Extérieur et haute école*
Sophie Bienaimé et Marine Oussedik, *La Leçon de dressage*
Alexandre Blaineau, *Les Chevaux de Rimbaud*
Henry L. de Bussigny, *French Equitation*
Nicolas Chaudun, *Un centaure au crépuscule*
Christophe Donner, *Ready cash*
Dom Duarte, *Le Traité des équitations*
Général Pierre Durand, *L'Équitation française*
– Une vie à cheval
Jean-Louis Gouraud, *Le Pérégrin émerveillé*
– La Bride sur le cou
– Le Tour du monde en 80 chevaux
Yassine Jamali, *Le Cheval barbe*
Jean de La Varende, *Le Cheval roi*
Pascal Liévaux et Patrice Franchet d'Espèrey, *Architecture équestre*
Anne Mariage, *Chevaux d'aventure*
André Monteilhet, *Les Maîtres de l'œuvre équestre*
Paul Morand, *Anthologie de la littérature équestre*
Sophie Nauleau, *La Voie de l'écuyer*
– J'attends un poulain
Nuno Oliveira, *Les Écrits de jeunesse de Nuno Oliveira. Cadence, légèreté, géométrie (1951-1956)*
Jean-Claude Racinet, *De la légèreté avant toute chose*
Xénophon, *L'Intégrale de l'œuvre équestre*

Les Cahiers Arts équestres

Collectif, *Le Cheval : un dieu ?*
Collectif, *Le Cheval et l'Amour*

Les Carnets Arts équestres

Jean-Noël Jeanneney, *Les Chevaux de Marine Oussedik*
Claire Veillères, *Sauvat, l'artiste cavalier*

DU MÊME AUTEUR

Romans et récits

Serko (suivi de *Riboy* et *Ganesh*), éditions du Rocher, 2006.

Le Pérégrin émerveillé, Actes Sud, 2012 ; Babel n° 1213 (prix Renaudot Poche).

Chevauchées sibériennes, Arthaud poche, 2019.

Equus et Vénus

Le cheval est une femme comme une autre, Pauvert, 2001.

Éros & Hippos, "Internationale de l'imaginaire" n° 14, Babel n° 489, 2001.

Femmes de cheval, Favre, 2004.

Chevaux du monde

Un petit cheval dans la tête, Maison des cultures du monde, 1990.

Chevaux d'Orient, Gallimard, "Hors Série Découvertes", 2002.

Chevaux (photographies de Yann Arthus-Bertrand), Le Chêne, 2003.

Le Tour du monde en 80 chevaux, Actes Sud, 2014.

Géographie amoureuse

Russie : des chevaux, des hommes et des saints, Belin, 2001.

L'Afrique par monts et par chevaux, Belin, 2002.

L'Asie centrale, centre du monde (du cheval), Belin, 2005.

L'Orient, enfer et paradis du cheval, Belin, 2007.

La Terre vue de ma selle, Belin, 2009.

Petite géographie amoureuse du cheval, Belin, 2017 (prix Nicolas-Bouvier / Étonnants Voyageurs), Babel n° 1676.

Collectors et compils

"C'est pas con un cheval. C'est pas con !...", éditions du Rocher, 2003.

Pour la gloire (du cheval), Favre, 2006.

Éloge du crottin, Pur-cent, 2008.
Le Cheval, animal politique, Favre, 2009.
Hippomanie, Favre, 2011.
La Bride sur le cou, Actes Sud, 2013.
Mes galops, éditions du Rocher, 2015.
Ruades, Favre, 2015.
Mille et un proverbes sur le cheval, éditions du Rocher, 2016.
Le Cheval en toutes lettres, Descartes & Cie, 2019.

OUVRAGE RÉALISÉ
PAR L'ATELIER GRAPHIQUE ACTES SUD
REPRODUIT ET ACHEVÉ D'IMPRIMER
EN FÉVRIER 2021
PAR NORMANDIE ROTO IMPRESSION S.A.S.
À LONRAI
POUR LE COMPTE DES ÉDITIONS
ACTES SUD
LE MÉJAN
PLACE NINA-BERBEROVA
13200 ARLES

DÉPÔT LÉGAL
1re ÉDITION : MARS 2021
N° impr. : 2100259
(Imprimé en France)